LE NOM

1 - LE GENRE

En anglais, la marque du genre est beaucoup plus simple qu'en français. La plupart des noms d'objets, d'animaux et de choses abstraites n'ont pas de marque particulière du genre ; on désigne ces noms par le pronom "*it*". Les noms des personnes féminines ont pour pronom "*she*" et les personnes de sexe masculin ont pour pronom "*he*".

Ex : ***Julia*** *blushed.* ***She*** *turned her head.*

Nathan *crossed the road then* ***he*** *walked around the building site.*

The penguin *was tired of marching. This time, when* ***it*** *got to the end of the bath,* ***it*** *decided to jump up the slippery curve. (Mr POPPER'S PENGUINS par R. et F. Atwater).*

The snow *covered the countryside, but* ***it*** *didn't conceal the sadness that Badger's friends felt (Badger's parting gifts par S. Valey).*

Comme un certain nombre de noms sont de genre indéterminé, il faut leur ajouter un nom pour désigner précisément le sexe de la personne.

Ex : *a novelist* → ***a woman novelist*** une romancière

a teacher → ***a male teacher*** un professeur homme

Féminin

- Formation du féminin :

  – Ajout d'un suffixe

  a lion (un lion) → *a lioness* (une lionne)

  a god (un dieu) → *a goddess* (une déesse)

  a barman (un barman) → *a barmaid* (une serveuse de bar)

  a policeman (un policier) → *a policewoman* (une femme policier)

  – Mots différents

  a horse (un cheval) → *a mare* (une jument)

  a drake (un canard) → *a duck* (une cane)

  a fox (un renard) → *a vixen* (une renarde)

- Les cas de personnification

  – Les animaux

  Les animaux sont généralement désignés par *"it"*. Il arrive cependant que *"he"* et *"she"* soient utilisés pour évoquer des animaux dès lors que l'affectif entre en jeu.

  *Ex : **The little hedgehog** found plenty of slugs and insects to eat, but **he** couldn't find winter anywhere.* *(The Winter Hedgehog par A. et R. Cartwright).*

  Le chien *(dog)* est généralement considéré comme nom masculin.

  Le chat, en revanche, est plutôt assimilé à une personne féminine et donc désigné par le pronom *"she"*.

  *Ex : The City is left still and silent, with just **a quiet cat** flitting across the street, and making a frightened jump when the big policeman turns his lantern on **her**.* *(Miss Mitton, The book of London).*

  Si l'on veut préciser que le chat est un mâle, on dira alors *"a tom-cat"*.

  – Les véhicules, les pays (quand l'affectif ou l'ironie entrent en jeu)

  *Ex : [...] He, too, is on a big **ship** which is ready to sail, and just after high tide the tittle tugs push and pull the ships into the deepest part of the river, and away **she** goes, down the busy friendly Thames, out on **her** long journey to the other side of the world." (H. and M. EARDLEY - WILMOT AND J. BRANTS, A book From England).*

2 - LE NOMBRE : FORMATION DU PLURIEL

Cas général : ajout d'un **"s"** au nom singulier (le **"s"** se prononce toujours)

a hat *hats* *a book* *books*

Noms se terminant par o, ss, ch, x ou s : ajout de "es" au nom singulier

*a potat**o***	*potatoes*	*a ki**ss***	*kisses*
*a chur**ch***	*churches*	*a wi**sh***	*wishes*
*a bo**x***	*boxes*	*a bu**s***	*buses*

Noms se terminant par "y"

1 - ajout d'un ***"s"*** quand le **"y"** est précédé d'une voyelle

*a d**a**y*	*days*	*a b**o**y*	*boys*
*a monk**e**y*	*monkeys*		

2 - **"y"** se transforme en ***"ies"*** quand le **"y"** est précédé d'une consonne

the baby the babies a country countries

Noms composés

1 - ajout d'un **"s"** ou **"es"** au deuxième mot. (Le premier mot étant pris comme adjectif, il ne prend pas la marque du pluriel)

a grown-up grown-ups a boy-friend boy-friends

2 - Lorsque le premier mot se termine par **-er**, c'est lui qui prend la marque du pluriel :

a passer-by	passers-by (des passants)
mother-in-law	mothers-in-law (belles-mères)
	mothers-in-laws est accepté

Pluriels irréguliers

child	*children*	*mouse*	*mice*
foot	*feet*	*ox*	*oxen*
goose	*geese*	*shelf*	*shelves*
knife	*knives*	*tooth*	*teeth*
person	*people*	*woman*	*women*
gentleman	*gentlemen*	*man*	*men*

Noms pluriels n'ayant pas de singulier

– des noms désignant des objets (outils, vêtements) formés de 2 parties symétriques (leur singulier se forme avec l'expression ***"A pair of..."***) :

spectacles, glasses, shorts, trousers, jeans, pyjamas, braces, pants, clothes, scissors, scales, shears, goggles.

Ex : *My shorts are torn, you must buy me a new pair.*
Mon short est déchiré, il faut que tu m'en achètes un autre.

– des noms de sens collectif :

goods (marchandises), **savings** (économies), **clothes** (vêtements), **contents** (contenu)...

Noms abstraits, noms collectifs

Certains noms n'ont pas de pluriel bien qu'ils expriment une idée de pluriel. On dit que ces noms sont "indénombrables" : ils ne peuvent pas se mettre au pluriel ni être accompagnés d'un article indéfini.

advice (les conseils), **business** (les affaires), **homework** (les devoirs), **information** (des renseignements), **luggage** (les bagages), **furniture** (les meubles), **rubbish** (les ordures), **hair***

Ex : *Business is business.* Les affaires sont les affaires

Ex : *This advice was extremely useful to me.*

**Hair* (les cheveux) est un singulier collectif. Toutefois, *"a hair"* (un cheveu, un poil) peut s'employer au pluriel.

Certains noms singuliers à sens collectif peuvent être suivis d'un verbe au singulier ou au pluriel : ***family, crowd, party, army, police...***

Ex : *Britain has an efficient police*
(notion de groupe dans lequel les membres ne sont pas distingués)

Ex : *The police are after them*
(chaque policier est responsable, a une véritable individualité dans le groupe)

Singulier et pluriel identiques

Certains noms d'animaux ont la même forme au singulier et au pluriel. Autrement dit, ils sont invariables : ***sheep, deer, swine, grouse, trout, salmon...***

Ex : *There are sixteen sheep in the field.*

3 - QUELQUES ABRÉVIATIONS COURANTES

Dr pour *doctor* (docteur)
Mr pour *Mister* (Monsieur)
BBC pour *British Broadcasting Corporation*

4 - REMARQUES DIVERSES

Les noms propres, les noms des mois, des jours, les adjectifs de nationalité sont orthographiés avec une majuscule.

May (mai), *Wednesday* (mercredi), *English litterature* (la littérature anglaise), *a queen* (une reine) mais *Queen Elizabeth* (la reine Elizabeth).

Les sigles ne comportent généralement pas de points.

RAF *Royal Air Force*

5 - LES DÉTERMINANTS DU NOM

a) Les articles

the : article défini

a, an : articles indéfinis

∅ : absence d'article

THE

• L'article défini ***"the"*** s'emploie aussi bien avec des noms singuliers que pluriels :

the cat, the houses, the eye, the boys

• ***"The"*** se prononce [ðə] devant un nom commençant phonétiquement par une consonne :

the door [ðə ˊdɔː]
the hair [ðə ˊhɛə] (≠ *the air* [ði ˊɛə])
the university [ðə juːniˊvaːsiti]

• ***"The"*** se prononce [ði] devant un nom commençant phonétiquement par une voyelle :

the eyes [ði ˊaiz]   *the hour* [ði ˊauə]
(le "h" initial ne se prononce pas devant hour, heir, honest, honour)
the FBI [ði efbiai]

• ***"The"*** est généralement utilisé avec des noms déterminés par la situation, le contexte linguistique ou un complément.

The boy is sad (garçon désigné du doigt ou du regard)
the Queen, the moon, the sun } personne et objet uniques
mais Queen Elizabeth
I had a cat. The cat died yesterday.
This happened in the summer of 1994.

• ***"The"*** est également utilisé avec des noms propres :

– de famille : the Boyles
– de fleuves : the Rhine
– de montagnes : the Alps

a, an

• L'article indéfini ***"a"*** s'utilise devant un nom singulier commençant phonétiquement par une consonne :

a church *a door*
a yak [jæk] *a uniform* [ˈjunifɔːm]

• L'article indéfini ***"an"*** s'utilise devant un nom singulier commençant phonétiquement par une voyelle :

an engineer [ˌendʒiˈniə] *an apple* [ˈæpl]
an hour [ˈaʊə]

• Ces articles "**a**" et "**an**" apparaissent devant un nom singulier attribut (introduit par le verbe "***to be***") :

I wanted to be **a** teacher.
Je voulais devenir professeur.

His brother is an artist.
Son frère est un artiste.

• "**a**" et "**an**"

dans des expressions telles que :

once **a** week une fois par semaine
50 pence **a** pound 10 F le kilo
30 miles **an** hour 50 kilomètres par heure
What **a** pity! Quel dommage !
What **an** attractive girl! Quelle fille séduisante !

dans des expressions avec "**without**" :

Christmas is not Christmas without a turkey.

"a" se prononce [ei] devant une hésitation ou un mot sur lequel on souhaite insister.

• L'article indéfini anglais n'a pas de pluriel. Le nom, seul, prend la marque du pluriel tandis que l'article disparaît :

a door	doors	(une porte, des portes)
a year	years	(une année, des années)

∅

• L'article ∅, c'est-à-dire l'absence d'article apparaît aussi avec des mots désignant des ensembles ou des notions abstraites :

– des noms de matériaux :
wood (le bois), *glass* (le verre)

– des noms d'aliments :
chocolate (le chocolat), *bread* (le pain)

– des noms de couleurs :
yellow (le jaune), *blue* (le bleu)

– des noms de langues :
French (le français), *German* (l'allemand)

– des noms d'activités :
travelling (les voyages), *politics* (la politique)

– des noms abstraits :
freedom (la liberté), *love* (l'amour)

– les noms de repas :
lunch (le déjeuner)

– les noms de pays singuliers :
Brazil (le Brésil), *England* (l'Angleterre)

– les noms propres précédés d'un titre :
Queen Elizabeth (mais *the Queen of England*)
President Clinton (mais *the President of the US*)

• L'article Ø désigne aussi des généralités :

man and woman l'homme et la femme (entités)
Books are expensive. Les livres sont chers. (en général)

b) Les adjectifs démonstratifs

	singulier	pluriel
proche	*this*	*these*
éloigné	*that*	*those*

La distinction proche/éloigné s'applique tant à l'espace qu'au temps :

this picture (objet proche),
this morning (période proche)
that lamp (objet éloigné),
those days (période éloignée)

c) Les adjectifs possessifs

I	my
You	your
He/She/It	his/her/its
We	our
You	your
They	their

L'accord avec l'adjectif se fait uniquement avec **le possesseur** :

Ex : Richard is in his car.
Richard est dans sa voiture.

Ex : Susan is in her car.
Susan est dans sa voiture.

L'adjectif possessif est un mot invariable :
Our car : notre voiture
Our cars : nos voitures

"**Its**" s'emploie pour des objets, des noms abstraits et parfois les animaux lorsqu'ils sont considérés comme des choses.

Le possessif est obligatoire devant un nom de vêtement ou de partie du corps :

Ex : He had his hands in his pockets.

Pour renforcer l'idée de possession, on utilisera ***"own"*** placé après l'adjectif possessif.

Ex : He's killed his own sister
Il a tué sa propre soeur.

d) Le cas possessif = le génitif

En anglais, on exprime la possession de quelque chose en ajoutant **"s"** au nom du possesseur ou uniquement l'apostrophe lorsque le nom du possesseur se termine par la lettre s.

Ex : My uncle's (possesseur) *house* (chose possédée) (la maison de mon oncle)
My parents' house (la maison de mes parents)

Attention : *il n'y a jamais d'article devant le nom de la chose possédée.*

Ex : My wife's new perfume (le nouveau parfum de ma femme)
My new wife's perfume (le parfum de ma nouvelle femme)

Cas particuliers

Lorsque le possesseur est représenté par un nom au singulier se terminant par **"s"**, le génitif se marque par **"s"** et se prononcera [iz].

Ex : The headmistress's study. [hɛd´mistrisiz]
Le bureau de la directrice.

Ex : Charles's wife. [´tʃa:lziz]
La femme de Charles.

Si le nom du possesseur est très célèbre, le génitif se marque par la seule apostrophe.

Ex : Dickens' novels.
Ex : Heats' poems.

Lorsque le nom du possesseur est un pluriel irrégulier *(children, men...)*, la marque de possession est **" 's"**.

Ex : the children's teacher (le professeur des enfants)

Des noms de choses ou des abstractions peuvent être employés au génitif :

– pour une date : *today's paper*
(le journal d'aujourd'hui)
– pour une durée : *eight months' wages*
(huit mois de salaires)
– pour une distance : *half an hour's walk*
(une promenade d'une demi-heure)

Cas possessif incomplet : on sous-entend le deuxième nom quand il a été déjà employé et que sa répétition n'est pas indispensable pour la compréhension de la phrase.

Ex : This isn't her book, it's Mickael's.
Ce livre n'est pas à elle, c'est celui de Mickael.

Le cas possessif s'emploie également lorsqu'on sous-entend les noms *shop, house, church, cathedral, school, college, hospital.*

Ex : I'll go to the hairdresser's this afternoon.
(on sous-entend shop)
J'irai chez le coiffeur cet après-midi.

e) Les quantificateurs

expressions suivies d'un singulier	expressions suivies d'un pluriel
little : peu de **a little** : un peu de	**few** : peu de **a few** : un peu de, quelques **several** : un peu de, plusieurs **quite a few** : bon nombre de
← **some** : un peu de → (devient "**any**" dans des phrases interrogatives ou négatives et pour exprimer un doute ← **enough** : assez de →	
every : chaque **everybody** } tout le **everyone** } monde **each** : chaque	
much : beaucoup (souvent remplacé par **a lot of**, **plenty of**, **a great deal of**, à la forme affirmative)	**many** : beaucoup (souvent remplacé par a lot of, plenty of, a great many, a large number, lots of à la forme affirmative)

Exemples :

He speaks a little German. Il parle un peu l'allemand.
To do well on little money. Se débrouiller avec peu (d'argent).
A few days off. Quelques jours de congés.
I have very few (chocolates) left.
Il me reste très peu de chocolats.

I make several visits each year to London.
Je me rends plusieurs fois à Londres chaque année.

Would you like some (more) wine.
Désirez-vous un peu plus de vin ?

I don't read many books but I read a lot of comics.
Je ne lis pas beaucoup de livres, mais je lis beaucoup de bandes dessinées.

There was a lot of fog. Il y avait beaucoup de brouillard.
The postman knocks twice at every house.
Le facteur frappe deux fois à chaque porte.

Everybody loves Farmer Ivans.
Tout le monde aime Ivans le fermier.

Combien de :

How much + singulier
How many + pluriel

Ex : How much money have you got with you ?
Combien d'argent as-tu sur toi ?

Ex : How many letters are there in the alphabet ?
Combien y a-t-il de lettres dans l'alphabet ?

f) Les nombres cardinaux

1 : one [wʌn]
2 : two [tuː]
3 : three [θriː]
4 : four [fɔː]
5 : five [faɪv]
6 : six [sɪks]
7 : seven [ˈsevn]
8 : eight [eɪt]
9 : nine [naɪn]
10 : ten [ten]
11 : eleven [iˈlevn]
12 : twelve [twelv]
13 : thirteen [ˌθɜːˈtiːn]
14 : fourteen [ˌfɔːˈtiːn]
15 : fifteen [ˌfifˈtiːn]
16 : sixteen [ˌsiksˈtiːn]
17 : seventeen [ˌsevnˈtiːn]
18 : eighteen [eɪˈtiːn]
19 : nineteen [ˌnaɪnˈtiːn]
20 : twenty [ˈtwentɪ]
21 : twenty-one
22 : twenty-two
./...

30 : thirty [ˈθɜːtɪ]
31 : thirty-one
40 : forty [ˈfɔːtɪ]
50 : fifty [ˈfɪftɪ]
60 : sixty [ˈsɪkstɪ]
70 : seventy [ˈsevntɪ]
80 : eighty [ˈeɪtɪ]
90 : ninety [ˈnaɪntɪ]
./...
100 : one hundred [wʌnˈhʌndrəd]
105 : one hundred **and** five
148 : one hundred **and** forty-eight.
200 : two hundred
1000 : one thousand [wʌnˈθaʊzənd]
13,524 : thirteen thousand five hundred and twenty-four

Ne pas oublier la virgule qui sépare les milliers des centaines.

50,000,000 : fifty million

• Hundred, thousand et million ne prennent pas d's après un numéral précis, ni après "**several**", "**a few**", "**many**".

Ex : Several million victims.
Plusieurs millions de victimes.

Ex : Three thousand inhabitants.
Trois mille habitants.

Suivis de "**of**", **hundred, thousand** et **million** prennent le pluriel.

Ex : Millions of people.
Des millions de personnes.

Ex : Hundreds of times.
Des centaines de fois.

• Les dates comme 1549 ou 1994 se disent en deux moitiés :

1549 : *fifteen forty-nine*

1994 : *nineteen ninety-four*

mais 1800 : *eighteen hundred*

1902 : nineteen-o-two (on dit ***O*** [əu] plutôt que ***zero***)

• Les numéros de téléphone se disent chiffre par chiffre :

54881 : *five four double eight one*

17809 : *one seven eight o nine*

• Les nombres décimaux s'écrivent avec un point et non une virgule :

1.6 (one point six) 1,6 en français

• argent :

£2.75 : *two pounds seventy-five (pence)*

$2.40 : *two dollars forty (cents)*

• L'heure

What time is it ? (= What is the time ?) Quelle heure est-il ?

It's 5 o'clock

It's 11 o'clock

It's half past 5

It's 10 past 8

It's 25 past 10

It's a quarter past 7

It's 20 to 3

It's 5 to 9

It's a quarter to 4

Les heures précises, telles que celles des trains par exemple, se lisent comme elles s'écrivent :

Ex : 10-46 : ten forty-six
10 heures du matin : *10 in the morning (= 10 a. m)*
10 heures du soir : *10 in the evening (= 10 p. m)*

g) Les nombres ordinaux

1 st : first [fəːst]	7 th : seventh [sevnθ]
2 nd : second [ˈsekənd]	8 th : eighth [eɪtθ]
3 rd : third [θəːd]	9 th : ninth [naɪnθ]
4 th : fourth [fɔːθ]	10 th : tenth [tenθ]
5 th : fifth [fɪfθ]	11 th : eleventh [ɪ'levnθ]
6 th : sixth [sɪksθ]	12 th : twelfth [twelfθ]

Les nombres qui se terminent par **"ty"** changent le **"ty"** en **"tieth".**

20 th : twentieth
le vingtième siècle : *the twentieth century*

- Les dates

Monday, March 22nd (**dire** Monday March the twenty-second)

- Les souverains

Louis XIV : Louis the Fourteenth

- Les fractions

Pour les fractions, on utilise les nombres ordinaux qui peuvent se mettre au pluriel.

1/3 : one third *4/3 : four thirds*

Exceptions : ***1/2 : one half - 1/4 : one quarter***

une demi-heure : *half an hour*
une heure et demie : *an hour and a half*
un quart d'heure : *a quarter of an hour*

6 - LES ADJECTIFS QUALIFICATIFS

En anglais, les adjectifs qualificatifs sont des mots invariables.

Ex : *Naughty boys!*
Vilains garçons!

Ex : *Our new neighbours are very rich.*
Nos nouveaux voisins sont très riches.

Même règle avec des participes passés ou des participes présents employés comme adjectifs.

Ex : *disappointing results* des résultats décevants
Ex : *The disappointed passengers...* Les passagers déçus...

Précédé de "*the*", l'adjectif prend le sens d'un nom collectif mais demeure invariable même s'il est suivi d'un verbe au pluriel.

Ex : *The English are fond of tea.* Les Anglais aiment le thé.

Quelques exceptions :

the Whites and the Blacks les Blancs et les Noirs
the sixteen-year-olds les jeunes de seize ans
the over-forties les quadragénaires

Si le sens de collectif disparaît, l'adjectif doit être suivi d'un nom.

Ex : *I met a few English people during my holidays.*
J'ai rencontré quelques Anglais pendant mes vacances.

Ex : *He married a blind woman.* Il a épousé une aveugle.

NB : Ne pas confondre la nationalité avec la discipline.

Ex : *The French* les Français
Ex : *A Frenchman* un Français
Ex : *French* le français

L'adjectif épithète se place avant le nom.

Ex : *A brilliant career.* Une carrière brillante.
Ex : *A long, difficult exercise.* Un exercice long et difficile.

Ex : His long bony hands. Ses longues mains osseuses.

Ex : A black and white cat. Un chat blanc et noir.

Les adjectifs sont séparés par **une virgule** lorsqu'ils expriment des caractéristiques distinctes qui s'ajoutent les unes aux autres.

L'absence de virgule indique que l'adjectif est étroitement lié au nom. Dans "*bony hands*", on remarque d'emblée la maigreur de la personne ; l'adjectif "long" est de moindre importance.

On emploie la conjonction de coordination **"and"** entre deux adjectifs qui expriment un même ordre d'idée, qui sont d'importance équivalente.

Quelques adjectifs épithètes placés après le nom :

a) Lorsqu'ils sont accompagnés d'un complément.

Ex : A pot full of streaming coffee.

Un pot rempli de café brûlant.

Ex : Are you ready to work? Es-tu prêt à travailler ?

b) Dans des comparaisons.

Ex : In a car as roomy as Buckingham Palace. (=In as roomy a car as Buckingham Palace.)

c) Dans des expressions traditionnelles.

Ex : The Princess Royal, a court martial, the President Elect...

Adjectifs placés après *something, anything, nothing.*

Ex : Anything interesting on TV? Rien d'intéressant à la TV ?

Ex : Something funny happened this morning.

Il est arrivé quelque chose de drôle ce matin.

L'adjectif attribut indique un résultat, un état, l'aboutissement d'une action.

Ex : He looks tired. Il semble fatigué.

Ex : She feels cold. Elle a froid.

a) Les adjectifs composés

Dans le cas des adjectifs composés, c'est le premier mot qui précise le sens du deuxième. Ce deuxième mot peut être :

(1) un participe présent,
(2) un participe passé,
(3) un adjectif,
(4) un nom se terminant par "ed".

(1) *Ex : a hard-working man (= a man who works hard)*
un homme travailleur

Ex : It's a heart-breaking job to clean it all up.

(2) *Ex : a well-known beer*
une bière bien connue

Ex : In those days, horse-drawn vehicles had not yet been replaced by motor cars.

(3) *Ex : ivory-white teeth :* des dents blanc ivoire
Ex : "What an immature, self-destructive, antiquated mischief is a man!" (Evelyn Waugh, Decline and fall)

(4) **# parties du corps ou d'un objet**
Ex : a brown-faced man : un homme au visage marron
Ex : a red-haired boy : un garçon aux cheveux roux
Ex : "The big three-legged pot is put down handy and left there" (Sir P. Fitzpatrick, Jock of the Bushveld)

 # vêtements
Ex : black-uniformed people : des gens en uniformes noirs

 # idées abstraites
Ex : old-fashionned shops : des boutiques démodées
Ex : a bad-tempered man : un homme au mauvais caractère
Ex : "Ay, and his wife is the same woman, the same tidy, frugal, industrious, good-natured Mrs Evans[...] (Miss Mitford, Our village)

Expressions toute faites :

a one-way street: une rue à sens unique
a second-hand car: une voiture d'occasion
a fifteen-year-old girl: une fille de quinze ans
to be down-to-earth: être réaliste, avoir les pieds sur terre

b) Les adjectifs et les noms de nationalité

Les adjectifs et noms de nationalité s'écrivent avec une majuscule.

Certains noms et adjectifs sont identiques

a) le nom peut prendre la forme pluriel
Ex : The Egyptian pyramids
An Egyptian, several Egyptians

Suivent la même règle les adjectifs de nationalité se terminant par *"an": American, Italian, Australian, Russian, Belgian, Canadian, Austrian, European... ainsi que Greek, Czech, Israeli, Pakistani, ...*

b) le nom est invariable

Ex : A Chinese museum

A Chinese, two Chinese (pas de "s")

Même règle pour *Swiss* et les adjectifs de nationalité en *"ese": Japanese, Vietnamese, Portuguese, Lebanese, ...*

Certains noms et adjectifs sont différents.

Ex : The Spanish revolution

A Spaniard, a Spanish woman

The Spaniards (sens collectif)

Suivent la même règle: *British (a Briton), Danish (a Dane), Finnish (a Finn), Jewish (a Jew), New Zealand (a New Zealander), Polish (a Pole), Scottish (a Scot), Turkish (a Turk).*

Il n'existe que l'adjectif.

An English word

An Englishman

Two Englishmen

Suivent la même règle : *Welsh, Irish, French, Dutch.*

NB : Avec un sens collectif, on pourra dire The English ou The French.

LE GROUPE VERBAL

1 - FORMATION DES TEMPS ANGLAIS

Temps Grammaticaux	Présent - Passé
Modaux	can - may - must - will - shall
Aspect progressif	be + participe présent
Aspect "Perfect"	have + participe passé
Voix passive	be + participe passé

En anglais, on distingue 2 aspects :

- le "perfect" qui indique qu'une action est accomplie et que cet accomplissement a des conséquences dans la situation par rapport à laquelle on se place.
- l'aspect progressif qui indique qu'une action est en cours d'accomplissement et que le locuteur porte un regard subjectif sur cette action.

Les aspects peuvent se combiner avec les temps grammaticaux ainsi qu'avec les auxiliaires de modalité et de voix.

2 - LES AUXILIAIRES "TO BE" - "TO DO" - "TO HAVE"

TO BE

PRESENT

Forme affirmative
Forme négative
Forme interrogative

– *I am happy*
I am not happy
Am I happy?

Forme affirmative contractée
Forme négative contractée

I'm happy
I'm not happy

– *You are happy*	*You're happy*
You are not happy	*You aren't happy*
Are you happy?	
– *He is happy*	*He's happy*
He is not happy	*He isn't happy*
Is he happy?	
– *She is happy*	*She's happy*
She is not happy	*She isn't happy*
Is she happy?	
– *We are happy*	*We're happy*
We are not happy	*We aren't happy*
Are we happy?	
– *They are happy*	*They're happy*
They are not happy	*They aren't happy*
Are they happy?	

PRETERIT

Forme affirmative Forme interrogative	Forme négative Forme négative contractée
– *I was happy* *Was I happy?*	*I was not happy* *I wasn't happy*
– *You were happy* *Were you happy?*	*You were not happy* *You weren't happy*
– *He was happy* *Was he happy?*	*He was not happy* *He wasn't happy*
– *She was happy* *Was she happy?*	*She was not happy* *She wasn't happy*
– *We were happy* *Were we happy?*	*We were not happy* *We weren't happy*
– *They were happy* *Were they happy?*	*They were not happy* *They weren't happy*

PARTICIPE PASSE : been

La forme contractée s'emploie de préférence dans le langage parlé.

Mais elle n'apparaîtra pas en fin de phrase :

She's in the kitchen.	*I don't know where she is.*
It was frightening.	*How frightening it was!*

BE est auxiliaire dans plusieurs constructions verbales :

- à la forme progressive

  Ex : He's washing his car.
  Ex : She was shivering.

- avec les expressions "*going to*" ou "*about to*"

Ex : I'm not going to give up.
Je ne vais pas céder.

Ex : She is about to leave.
Elle est sur le point de partir.

- à la voie passive

Ex : The meadow is being mowed.
On fauche la prairie en ce moment.

BE peut être aussi verbe principal :

Ex : I'm French.
Ex : It was a trap.

BE peut signifier "avoir" lorsqu'il est suivi d'un adjectif :

Ex : I am cold.	J'ai froid.
Ex : I am lucky.	J'ai de la chance.
Ex : I am right.	J'ai raison.
Ex : I am wrong.	J'ai tort.
Ex : I am hungry.	J'ai faim.
Ex : I am thirsty.	J'ai soif.
Ex : I am afraid.	J'ai peur.
Ex : I am sleepy.	J'ai sommeil.

BE est utilisé pour évoquer

- l'âge

Ex : Jeremy is 3 (years old).

- la dimension

Ex : The building is 20 meters high.

- la distance

Ex : How far is the washing bay (from here)?

- la température

Ex : It's cold in this house.

- la santé

Ex : She is better today.

BE est présent dans l'expression " *there is*" (il y a) et se conjugue à tous les temps.

there is/there was	+	singulier
there are	+	pluriel

Ex : There were rabbits everywhere.

Ex : There is a mistake.

TO DO

PRESENT

Forme affirmative Forme interrogative	Forme négative Forme négative contractée
– I do... *Do I...?*	*I do not...* *I don't...*
– You do... *Do you...?*	*You do not..* *You don't...*
– He does... *Does he...?*	*He does not...* *He doesn't*
– She does... *Does she...?*	*She does not...* *She doesn't...*
– We do... *Do we...?*	*We do not...* *We don't...*
– They do... *Do they...?*	*They do not...* *They don't...*

PRETERIT

– I did... *Did I...?*	*I did not...* *I didn't...*
–You did... *Did you...?*	*You did not...* *You didn't...*
...	...

Il n'y a qu'une forme au prétérit.

PARTICIPE PASSE : done

L'auxiliaire *DO* n'a pas de sens précis. C'est un outil grammatical qui intervient dans les constructions négatives et interrogatives avec des verbes ordinaires/simples.

Ex : Sarah reads a lot.
Sarah doesn't read a lot.
Does she read a lot?
Ex : They didn't win today.

DO sert d'auxiliaire dans les interdictions.

Ex : Don't shout! Ne crie pas !

Ex : Don't be stupid! Ne sois pas stupide! Ne fais pas l'idiot !

DO est utilisé dans la forme emphatique.

Ex : Of course, I did lock the door.

DO est un verbe à part entière dans le sens de "faire".

Ex : My Father does the washing-up every Sunday.
Mon père fait la vaisselle tous les dimanches.

Ex : What have you done with my umbrella?
Qu'as-tu fait de mon parapluie?

Ex : What does he want to do?
Que veut-il faire?

TO HAVE

L'auxiliaire *to HAVE* sert à former les temps composés (perfects).

– present perfect:

Ex : He has written to his friend. Il a écrit à son ami.

– present perfect continuous:

Ex : I have been waiting for you for half an hour.
Ça fait 1/2 heure que je t'attends

– past perfect:

Ex : The zebra had fallen into the trap.
Le zèbre était tombé dans le piège.

– past perfect continuous:

Ex : She had been sleeping for two hours when the telephone rang.
Elle dormait depuis deux heures lorsque le téléphone a sonné.

– future perfect:

Ex : It will have taken him several hours to get there.
Il lui aura fallu plusieurs heures pour arriver.

– past conditional:

Ex : He would have liked to introduce her to Uncle Victor.

Il aurait aimé la présenter à oncle Victor.

Il est alors toujours suivi du participe passé.

En tant qu'auxiliaire, ***HAVE*** se conjugue sans ***DO*** à la forme interrogative.

Ex : Have you seen him? No, I haven't.
Ex : Has he finished?

HAVE est présent dans les expressions ***"I had better"*** (je ferais mieux de) et ***"I had (=I would) rather/ sooner*** (je préférerais).

Ex : I'd better leave now.
Je ferais mieux de partir maintenant.

HAVE peut être aussi un verbe ordinaire.

- pour exprimer la possession

Have est alors suivi du participe passé *"got"* qui n'a ici aucun sens précis.

Ex : He 's got a bike. (=he has a bike)
Ex : Have you got my book?

langue plus soignée : Do you have my book?

Au prétérit, on emploiera de préférence l'auxiliaire ***"did".***

Ex : Did you have a heavy bag?

- au sens de "faire faire"

Ex : He had a house built.
Il a fait construire (une maison).

– forme interrogative avec *"do":*

Ex : When did you have your hair cut.
Quand t'es-tu fait couper les cheveux?

- dans des expressions idiomatiques

to have lunch: déjeuner
to have a bath: prendre un bain
to have a rest: se reposer
to have a good time: bien s'amuser
...

Have se conjugue alors avec ***"do"***

Ex : Did you have lunch?
As-tu déjeuné?

3 - LES AUXILIAIRES MODAUX

Les auxiliaires modaux, "modals", donnent un sens particulier, une modalité à la phrase en exprimant un sentiment, une volonté ou un désir de celui qui parle. En employant un modal, le locuteur précise également si l'action à laquelle il fait allusion lui paraît possible, nécessaire, certaine...

Ces verbes n'ont qu'une ou deux formes ; c'est d'ailleurs parce qu'il leur manque des formes qu'on les appelle aussi des **verbes défectifs.**

PRESENT	PRETERIT
can	could
may	might
shall	should
will	would
must	ought to

Les modaux ne prennent pas de **"s"** à la 3e personne du singulier au présent.

Ex : She can speak Greek.

Ils sont suivis de l'infinitif sans *TO.*

La forme interrogative se fait par simple inversion avec le sujet.

Ex : Will you marry him?

La forme négative se fait par l'adjonction de *"not"* qui peut être contracté.

Ex : You should not smoke = You shouldn't smoke.

Ex : He cannot swim = He can't swim.

"cannot" s'écrit en un seul mot en Angleterre.

L'expression de la probabilité avec les modaux.

(+ faible : le moins sûr) *(+ forte : c'est certain)*

might may could can should ought to must →

L'expression de l'obligation avec les modaux.

(+ faible) *(+ forte)*

had / better should ought to (have to) must →

CAN

Lorsqu'il est accentué, can se prononce [kaen], sinon [kən].

CAN ***exprime :***

- la capacité physique ou intellectuelle.

Ex : He can lift a heavy stone with his teeth.
Ex : How many languages can you speak?
équivalent : *to be able to* (***forme négative :*** *to be unable to*)

- la permission.

Ex : Can I borrow your pen?
La forme négative signifie une interdiction; can't équivaut alors à mustn't.

Ex : You can't get up, you're too weak.
Tu ne dois pas te lever, tu es trop faible.

- une possibilité, une vraisemblance.

Ex : It can't be a coincidence.
Il est impossible que ce soit une coincidence.

Ex : He can win the race. Il se peut fort bien qu'il gagne la course.

CAN sert souvent d'auxiliaire avec les verbes de perception : *hear, see, understand.*

Ex : Can you hear the murmur of the brook?
Entends-tu le bruissement du ruisseau?

Ex : I can understand her grief.
Je comprends sa peine.

COULD

Lorsqu'il est accentué, could se prononce [kʊd], sinon [kəd].

COULD est le prétérit de can quand il s'agit d'une capacité permanente.

Ex : When he was younger, he could climb up this tree.
Quand il était plus jeune, il était capable de monter à cet arbre.

Lorsqu'il est question d'une possibilité ponctuelle, précise, le prétérit de can est alors *was/were able to.*

Ex : He was able to jump overboard before the ship sank.(=He managed to)
Il réussit à sauter par dessus bord avant que le navire ne coule.

COULD **exprime :**

- une demande (plus polie qu'avec *can*).

Ex : *Could I use the phone?*
Pourrais-je utiliser le téléphone?

- un conditionnel présent.

Ex : *She could be an actress if she weren't so shy.*
Elle pourrait faire du théâtre si elle n'était pas si timide.

- une probabilité moins forte qu'avec can.

Ex : *He could win the race.*
Il n'est pas impossible qu'il remporte la course.

A la forme négative, couldn't est synonyme de can't.

Ex : *It could not have been a mine; it would have exploded.*
Cela ne pouvait pas être une mine : elle aurait sauté.

MAY

MAY **exprime :**

- une demande *(plus polie qu'avec* can *ou* could*)*, ou un accord.

Ex : *May I use your hair drier?*
Puis-je me servir de votre sèche-cheveux?

Ex : *You may switch the TV off if you wish.*
Vous pouvez éteindre la télévision si vous voulez.

équivalent : *to be allowed to* (mais un peu plus impersonnel)

A la forme négative *(interdiction)*, on emploie plutôt *must not* *(parfois cannot)* que *may not*. On peut aussi utiliser la forme négative de *to be allowed to*.

Ex : *You are not allowed to smoke in this room.*
Il n'est pas permis de fumer dans cette pièce.

- une permission à sens de futur.

Ex : *You may watch TV when you have finished your homework.*
Tu pourras regarder la TV quand tu auras fini tes devoirs.

- une éventualité, une incertitude.

On utilisera *may* plutôt que *can* ou *must* pour indiquer que l'action dont on parle a autant de chances de se réaliser que de ne pas aboutir.

Ex : *He may leave London next year.*
Il se pourrait qu'il quitte Londres (sous entendu : je ne serais pas surpris qu'il y reste).

Ex : She may be right as she may be wrong.
Il se peut qu'elle ait raison comme il se peut qu'elle ait tort.

Dans ce sens, *may* ne peut pas être utilisé à la forme interrogative. On le remplacera par *to be likely to.*

Ex : Is he likely to give up his studies?
Se peut-il qu'il abandonne ses études?

Si l'incertitude porte sur le passé, on utilise *may have + participe passé.*

Ex : She may have resigned her post.
Il se pourrait qu'elle ait quitté son poste.

MIGHT

MIGHT est le prétérit de may. Cependant, les équivalents sont plus fréquemment employés que *might*, sauf au style indirect.

Ex : I wasn't allowed to visit her until she recovered consciousness.
On ne m'a pas autorisé à lui rendre visite avant qu'elle n'ait repris conscience.

Ex : Dad said you might borrow his car.
Papa a dit que tu pourrais emprunter sa voiture.

MIGHT exprime:

- une éventualité, une incertitude (le doute est plus grand qu'avec *may*).

Ex : It might rain. Il se pourrait qu'il pleuve.

Au passé, *might* est suivi de *have* + participe passé.

Ex : He might have been sacked.
Il aurait pu être renvoyé. (Il y a eu risque)

- une demande. Mais la tournure est alors très polie, voire cérémonieuse.

Ex : Might I add something?
Pourrais-je / Me permettriez-vous d'ajouter quelque chose?

- une suggestion ou un reproche (uniquement à la forme affirmative).

Ex : You might at least apologize.
Vous pourriez au moins vous excuser.

Ex : We might go to the beach next weekend.
On pourrait peut-être aller à la plage le week-end prochain?

MUST

Lorsqu'il est accentué, ***MUST*** se prononce [mʌst], sinon [məst], [məs(t)].

MUST exprime une obligation impérieuse.

Ex : *You must pay your rent every month.*

équivalents : *to have to, to be obliged to, to have got to.* (*to have* est plus impersonnel que *must*)

Ex : *She has to take several tablets twice a day.*
(C'est la prescription, le règlement)

Ex : *You must be polite to your aunt.*
(C'est moi qui te l'ordonne)

To have got to exprime une obligation encore plus pressante.

Ex : *You've got to send that letter before tomorrow.*
(Je vous le conseille très vivement)

MUST exprime une forte probabilité, une conclusion logique.

Ex : *Peter hasn't arrived; he must have missed his train.*
(Peter n'est pas arrivé ; il doit avoir manquer son train)

MUST NOT (= MUSTN'T), forme négative de must, exprime l'interdiction. Attention de ne pas le confondre avec *needn't* ou *don't have to* qui expriment l'absence d'obligation, de nécessité.

Ex : *You mustn't come back.*
Vous ne devez pas revenir. (Je vous l'interdis)

Ex : *You needn't come back / You don't have to come back, I'll manage.*
Ce n'est pas la peine que vous reveniez, je me débrouillerai.

Au prétérit, on emploie *had to*, sauf au style indirect.

Ex : *They had to sell their house in order to pay their debts*
Ils ont été obligés de vendre leur maison afin de payer leurs dettes.

Ex : *They said they must call on Mrs Jack.*
Ils ont dit qu'ils devaient passer chez Mme Jack.

OUGHT TO

OUGHT TO exprime :

- un conseil moral ou une obligation morale.

Ex : *You ought to phone his teacher.*
Vous devriez téléphoner à son professeur.

Ex : *You oughtn't to be so rude to her.*
Tu ne devrais pas être aussi grossier avec elle.

équivalent: *should* (mais *ought to* insiste davantage sur l'aspect moral)

Shouldn't est plus courant que *oughtn't to.*

- une forte probabilité.

Ex : *He's the best at badminton. He ought to win.*
Il est le meilleur au badminton. Il devrait gagner.

Au passé, *OUGHT TO* exprime un regret, un reproche.

Ex : *You ought to have helped her.*
Tu aurais dû l'aider.

NEED

Il peut être utilisé comme un verbe ordinaire avec les quatre formes: *need, needs, needed, needing*. Il est alors suivi d'un complément d'objet ou d'un infinitif complet.

Ex : *I need some calm now.*
Ex : *She needed to change her way of life.*

NEED est un modal qui s'emploie seulement aux formes interrogative et négative.

A la forme négative, NEED exprime une absence d'obligation.

Ex : *You needn't get up early.* Il n'est pas nécessaire que tu te lèves tôt.

(*mustn't get up* exprimerait une interdiction.)

A la forme interrogative, *NEED* exprime une obligation éventuelle mais avec l'espoir d'une réponse négative.

Ex : *Need I go to the ceremony?* Faut-il vraiment que j'aille à la cérémonie?
(réponse attendue: *No, you needn't*)

Pour demander une information impersonnelle, on formulera la question avec la tournure *"Do you need to...?"* ou *"Do you have to...?"* L'avis de l'interlocuteur ne sera plus en jeu.

Ex : *Do you need to give stamps as well?*
Est-il nécessaire que vous fournissiez des timbres aussi?

DARE

DARE peut être employé comme verbe ordinaire.

Il ne se conjugue comme modal qu'aux formes interrogative et négative.

DARE signifie oser, avoir le courage de.

Ex : *I daren't brave the wrath of my neighbour.*
Je n'ai pas le courage d'affronter la colère de mon voisin.

Ex : *How dare you behave like that?*
Comment osez-vous vous comporter de la sorte?

SHOULD

***SHOULD* exprime:**

- un conseil.

Ex : *You should eat less sugar.*
Vous devriez consommer moins de sucre.

équivalent: *had better*

Ex : *You'd better (=You had better) eat less sugar.*

- la probabilité.

Ex : *He has no alibi. He should admit his guilt.*

SHOULD est auxiliaire du conditionnel (seulement à la 1re personne).

Ex : *We should take you back if we had a car.*
Nous vous raccompagnerions si nous avions une voiture.

NB : On emploie plus souvent would (='d).

4 - LES VERBES SIMPLES

Les verbes simples réguliers n'ont que 4 formes.

- verbe (infinitif et présent simple)
  Ex : *I play badminton.*

- verbe + "s" (3e personne du singulier du présent simple)
  Ex : *She plays badminton.*

- verbe + "ed" (prétérit et participe passé)
  Ex : *They played tennis.*

- verbe + "ing" (participe présent)
  Ex : *I'm playing tennis.*

Les verbes simples irréguliers ont 2 ou 3 formes distinctes. *(cf. chapitre "prétérit)*

Ex : infinitif	prétérit	participe passé
begin	*began*	*begun*
speak	*spoke*	*spoken*

Comme les verbes réguliers, ils prennent un **"s"** à la 3e personne du singulier du présent simple *(Ex : He speaks French)* et *"ing"* pour former le participe présent *(Ex : He's speaking loudly).*

LES PRESENTS

LE PRESENT SIMPLE *(= simple present)*

– Forme affirmative : infinitif sans "*to*"
(+ "*s*" à la 3e pers.)

Ex : She reads the newspaper every morning.
Ex : We believe in God.

– Forme négative : *do* + *not* + infinitif sans "to"
does + *not* + infinitif sans "*to*"

Ex : I don't like coffee.
Ex : It does not cut well.

– Forme interrogative: *do* + sujet + infinitif sans "*to*"
does + sujet + infinitif sans "*to*"

Ex : Do you usually get up early?
Ex : Does he work well?

Le présent simple s'emploie pour énoncer **des vérités ou des caractères permanents.**

Ex : The earth revolves round the sun.
La Terre tourne autour du Soleil.

Ex : My husband doesn't eat oysters.
Mon mari ne mange pas d'huitres.

Ex : Leopards run faster than gazelles.
Les léopards courent plus vite que les gazelles.

Le présent simple a également une valeur fréquentative dans le sens où il indique l'**aspect habituel**, **répétitif d'une action** (qui n'est pas nécessairement en train de se produire au moment où je parle).

Ex : Every morning, he leaves his house at 7 o'clock sharp.
Chaque matin, il part de chez lui à 7 heures précises.

Ex : From time to time, I go to the restaurant.
De temps en temps, je vais au restaurant.

Le présent simple est utilisé par **les commentateurs de la télévision ou de la radio** pour rendre compte d'actions qui se succèdent rapidement. Le présent simple exprime alors **l'aspect ponctuel des actions.**

Le présent simple est aussi employé sans **des subordonnées introduites par when ou if.**

Ex : *If it rains, I won't go to the cinema.*
S'il pleut, je n'irai pas au cinéma.

Ex : *You will go to England when you are older.*
Tu iras en Angleterre quand tu seras plus grand.

LE PRESENT PROGRESSIF (= *present continuous*)

construction : to be + verbe + ing

– Forme affirmative :
Ex : *They are watching TV.*
Ils regardent / Ils sont en train de regarder la TV.

– Forme négative :
Ex : *I'm not cheating!* Je ne triche pas!

– Forme interrogative :
Ex : *Why are you crying?* Pourquoi pleures-tu?

Le présent progressif relate des actions en cours, **des actions en train de se faire** au moment où le locuteur en parle.

Ex : *They are watching TV.*
Ils regardent la TV (en ce moment même).

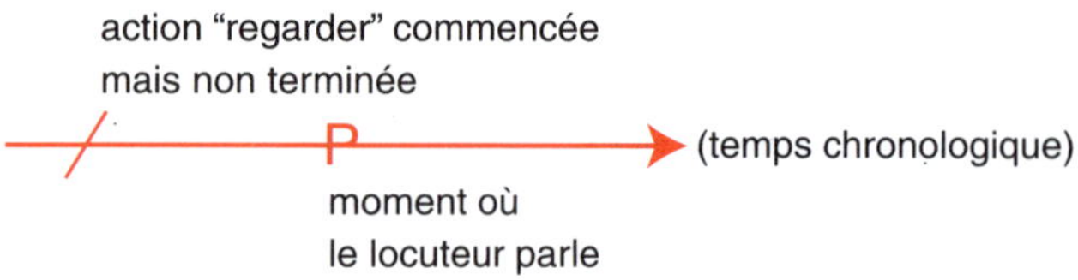

Le présent progressif est utilisé pour décrire **des positions, des attitudes**... vues au moment de l'énonciation.

– être assis : *to be sitting*
– être couché : *to be lying*
– être debout : *to be standing*

– être penché : *to be bending*

– être agenouillé : *to be kneeling*

Ex : The cat is lying on the table.
Le chat est étendu sur la table.

Le présent progressif peut également exprimer **un futur**. Il est accompagné d'un complément de temps qui indique que l'action prendra effet dans l'avenir.

Ex : The children are leaving tonight.
Les enfants partent ce soir.

Ex : Are you working next Saturday?
Travaille(ra)s-tu samedi prochain?

PRESENT PROGRESSIF ≠ PRESENT SIMPLE

Ex : Is he drinking coffee? But he hates coffee!

La personne est surprise en train de boire du café *(=action ponctuelle)* alors que d'habitude elle n'en boit pas étant donné qu'elle déteste le café.

Ex : Why is your mother working today? She never works on Saturday!

Ici encore, la forme progressive marque le caractère inhabituel de l'action. Le locuteur est surpris de voir ou d'apprendre que la mère travaille un samedi, jour habituel de congé.

LES PASSES

LE PRETERIT *(= preterite)*

Le prétérit est le temps principal du passé. Il existe sous la forme simple (He played tennis this morning) et sous la forme progressive (I was trying to translate a letter).

Il correspond au passé simple, au passé composé et à l'imparfait français.

– Forme affirmative : verbe à l'infinitif sans *"to"* + *"ed"*
Ex : They arrived yesterday.

– Forme négative : *did not / didn't*
+ verbe à l'infinitif sans *"to"*
Ex : We didn't listen to him.

– Forme interrogative : *did* + sujet + verbe
à l' infinitif sans *"to"*
Ex : Did you watch the film last night?

Le prétérit a de nombreuses formes irrégulières. Vous en trouverez la liste à la fin du carnet.

Ex :	**infinitif**	**prétérit**
	to buy	*bought*
	to swim	*swam*

Le prétérit de *"to be"* a 2 formes :

I was - He/ She/ It was
You were - We were - They were

Le prétérit est **le temps de la narration**. Il relate **des actions terminées, précises, souvent datées** (présence d'un complément de temps ou d'un complément de lieu qui indiquent qu'on évoque un moment précis).

Ex : They came last week.
Ils sont venus la semaine dernière.

Ex : Her accident occurred in Brazil.
Son accident est survenu au Brésil.

On l'emploie aussi pour évoquer une série d'actions ponctuelles, passées (≠ présent simple).

Ex : He made his way down from tree to tree, settled in against the roots, huddled up at the foot of the huge trunk, and rested a while there.

Il y a une **coupure très nette** entre les actions relatées et le moment présent (=moment de l'énonciation).

On trouve le prétérit dans des tournures se référant à un souhait ou un regret.

Ex : If I were you, I wouldn't move
A votre place, je ne bougerais pas.

Ex : I wish I weren't so shy.
J'aimerais être moins timide.

LE PRETERIT PROGRESSIF *(=past continuous)*

Comme le présent, il se forme avec le verbe *"to be"* suivi du participe présent du verbe de la phrase.

Ex : I was sleeping.
Ex : They weren't sitting in the grass. (They were not)
Ex : Was your mother making a cake?

Le prétérit progressif s'emploie pour décrire une action qui était en cours de réalisation, une action non achevée à un moment du passé.

Ex : I was reading when the telephone rang.
J'étais en train de lire/ Je lisais quand le téléphone a sonné.

- - - - ->>>>>>>>>>>>>>>>>■- - - - - - - - - - -P- - - - ->
I was reading — the telephone rang (moment précis) — moment où je parle

L'action au prétérit interrompt souvent l'action au prétérit progressif.

LE PRESENT PERFECT

Construction : *to have* (au présent) + participe passé *(nombreuses irrégularités. Voir en fin de carnet)*

Ex : He has finished his homework.
Ex : I've bought the Observer.

Le PRESENT PERFECT est un temps du PASSE.

Le PRESENT PERFECT met au premier plan le résultat présent d'une action qui s'est déroulée dans le passé. (Alors que le prétérit raconte une action passée)

Ex : Look! You've soiled your tee-shirt.
Regarde, tu as sali ton tee-shirt.

(L'action de tacher s'est déroulée dans le passé; la mère, en colère, ne voit que le résultat présent, le tee-shirt sali qu'elle devra laver !)

≠ He soiled his tee-shirt while eating.
Il s'est taché en mangeant.

(Avec le prétérit, l'action de tacher est datée: en mangeant.)

Ex : He's come to assess the damages.
Il vient évaluer les dégâts.

(L'action de venir est achevée ; ce qui est important, c'est que l'expert soit là.)

Le PRESENT PERFECT signale qu'une action a eu lieu dans le passé mais sans préciser le moment auquel elle a eu lieu.

Ex : *They've bought a new car.*

Ex : *Have you seen her boyfriend?*
Yes, I have.

(La 2e personne a vu le *"boyfriend"* mais elle ne précise pas quand).

≠ *Yes, I met him yesterday.*

(La 2e personne précise quand elle a vu le *"boyfriend"* d'où l'emploi du prétérit).

Le PRESENT PERFECT indique qu'une action ou un événement commencés dans le passé ne sont pas terminés au moment où le locuteur en parle.

Ex : *He has been away for several days.*
Il est absent depuis plusieurs jours.

Ex : *I haven't been to the cinema for ages.*
Je ne suis pas allée au cinéma depuis des lustres.

On peut insister sur la continuité du déroulement de l'action en utilisant la forme progressive.

Ex : *I've been living in this house since 1990.*
J'habite cette maison depuis 1990.

(La personne y vit encore actuellement.)

Ex : *How long have you been waiting for us?*
Depuis combien de temps nous attendez-vous?

Le PRESENT PERFECT suivi de l'adverbe *"just"* indique qu'une action ou un événement viennent de se passer. En français, on traduira cette tournure par "venir de".

Ex : *She has just arrived.*
Elle vient d'arriver.

PRESENT PERFECT PROGRESSIF ≠
PRESENT PROGRESSIF

Ex : *She is ironing.* Elle est en train de repasser.

Ex : *She's been ironing for an hour and a half.*
Cela fait une heure et demie qu'elle repasse.

Comme le present perfect progressif, le présent progressif décrit une action en cours de réalisation.

Contrairement au present perfect progressif, le présent progressif ne précise pas la durée de l'action.

LE PAST PERFECT = PLUPERFECT

Construction : *to have* (au prétérit) + participe passé *(nombreuses irrégularités. Voir en fin de carnet).*

Ex : *He had undermined his commander's authority.*
Ex : *I had forgotten the appointment.*

Le PAST PERFECT indique l'antériorité d'une action passée par rapport à un moment donné du passé, une action au prétérit par exemple. Le PAST PERFECT est généralement traduit tantôt par un plus-que-parfait, tantôt par un conditionnel.

Ex : *He had reached the shore when the rescuers arrived.*
Il avait regagné la rive lorsque les sauveteurs arrivèrent.

Ex : *After he had painted his house, he painted mine.*
Après qu'il eut peint sa maison, il peignit la mienne.

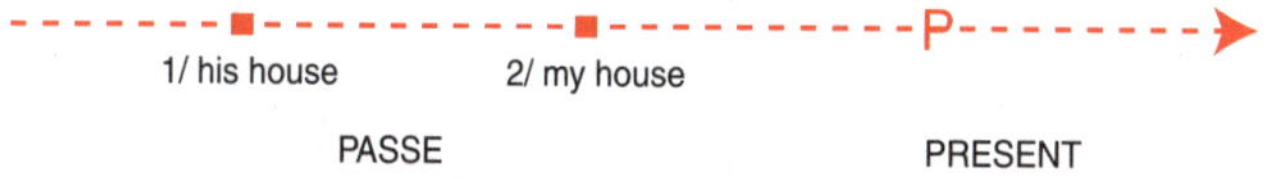

PASSE PRESENT

Le PLUPERFECT ne s'attache pas aux dates ; il met plutôt en avant le résultat de la seconde action (deuxième dans le temps chronologique). Dans cet exemple, la 2e maison *(mine)* est peinte au moment où le locuteur en parle.

Le PLUPERFECT peut être mis à la forme progressive pour montrer qu'une action passée était en cours lorsqu'une deuxième action, dans le passé aussi, est intervenue. L'action en cours est alors datée.

Ex : *She had been trying to unlock the door for ten minutes when she realised it wasn't bolted.* Elle essayait d'ouvrir la porte depuis dix minutes quand elle réalisa qu'elle n'était pas fermée.

Comme le "present perfect", le PLUPERFECT peut être utilisé avec l'adverbe *"just"* pour indiquer qu'une action avait précédé de peu une autre action. (Les deux actions se déroulaient dans le passé).

Ex : *The plane had just taken off when we heard an explosion.* L'avion venait de décoller quand nous avons entendu une explosion.

TENSE : temps grammatical	TIME : temps chronologique — PASSE	TIME : temps chronologique — PRESENT	aspect
Prétérit simple (simple past)	He got up at 6 o'clock		• non progressif • moment déterminé
Prétérit progressif (past continuous)	I was reading(1) when the phone rang(2)		• progressif • moment déterminé
Présent "perfect" simple (present perfect)	I've lost my purse He's been away for several days		• action achevée ayant commencé à un moment indéterminé • action inachevée ; bilan de ce qui est déjà fait (date)
Présent "perfect" progressif (= present perfect continuous)	He's been reading for 2 hours		• progressif • action qui se poursuit après P.
Pluperfect simple (past perfect)	I had forgotten the appointment He had meditated for an hour		• action achevée (début de l'action indéterminé) à P'. • action non achevée à P' mais non actualisée.
Pluperfect progressif (past perfect continuous)	We had been working hard since 7 o'clock		• progressif • action qui se poursuit au-delà de P'.
Présent simple (simple present)		I sit here every evening She likes chocolate	• non progressif • habitude, répétition • vérité permanente
Présent progressif (present continuous)		She's having a bath at the moment	• progressif • action en train de se faire

P : moment où le locuteur parle

L'EXPRESSION DU FUTUR

SHALL

SHALL est auxiliaire du futur à la 1re personne. (Aux Etats-Unis, on emploie *will*)

Les formes interrogative et négative se construisent sans *"do"*.

Ex : *I shall give you my new address.*
Je te donnerai ma nouvelle adresse.

Ex : *Don't worry, we shan't sing.*
Ne vous inquiétez pas, nous ne chanterons pas.

Ex : *Where shall we see them again?* Où les retrouverons-nous?

Dans la langue parlée, l'auxiliaire *SHALL* est souvent remplacé par *WILL* ou *'LL* et la forme négative *SHAN'T* par *WON'T*.

WILL

WILL est auxiliaire du futur aux 2e et 3e personnes.

Ex : *He will (=He'll) prepare the meal.*

Ex : *He won't come.*

Ex : *Will your father repair my bike?*

WILL exprime une demande ou une invitation.

Ex : *Will you have some tea?*

WILL a une valeur modale lorsqu'il veut exprimer une forte volonté ou consentement.

Ex : *I will wait for you at the station.* (sous-entendu : pas ailleurs)

Lorsqu'il est accentué, *won't* peut exprimer un refus.

Ex : *They won't admit their fault.*
Ils ne veulent pas reconnaître leurs torts.

BE GOING TO + INFINITIF

- exprime les intentions du locuteur.

Ex : *We're going to adopt a child.* Nous allons adopter un enfant.
(Nous avons réfléchi avant de prendre cette décision.)

Ex : *I'm not going to divorce him.* Je n'ai pas l'intention de divorcer.

- exprime des intentions présentes au moment de l'énoncé mais dont la réalisation se fera dans un futur proche.

Ex : *He's going to move in a couple of days.*
Il va déménager dans un jour ou deux.

Ex : *It's going to rain.* Il va pleuvoir.

• exprime une action imminente avec l'adverbe *"just"*.

Ex : Hurry up! The film's just going to start.
Dépêchez-vous. Le film est sur le point de commencer/va commencer.

équivalent: *TO BE ABOUT TO*

Ex : The film is about to start.

WILL ≠ BE GOING TO

• Avec *"be going to"* l'action future a été prévue, préméditée. Avec *"will"*, l'action est spontanée.

Ex : I'm going to make a cake because he is greedy.
Je vais faire un gâteau car il est gourmand.

Ex : Sit down, I'll do the washing-up.
Asseyez-vous, je ferai la vaisselle.

• A la forme interrogative, *"will"* indique une proposition, une invitation tandis que "be going to" indique la volonté de connaître les intentions de l'interlocuteur.

Ex : Are you going to postpone the meeting?
Avez-vous l'intention de reporter la réunion?

Ex : Will you come to the museum with me?
Voulez-vous m'accompagner au musée?

LE FUTUR APRES WHEN ET IF

Dans une subordonnée introduite par *WHEN* ou *IF* le verbe se conjugue au présent même s'il y a une idée de futur.

Ex : You'll have children when you are older.
FUTUR ***PRESENT***

Tu auras des enfants quand tu seras plus âgé.
FUTUR ***FUTUR***

Ex : He'll have some cake if he eats his beans.
FUTUR ***PRESENT***

Il aura du gâteau s'il mange ses haricots.
FUTUR ***PRESENT***

Cette règle s'applique pour d'autres conjonctions telles que *while* (pendant que), *once* (une fois que), *as soon as* (aussitôt que), *as long as* (aussi longtemps que)...

Ex : He'll repair your car as soon as he feels better.
Il réparera votre voiture dès qu'il se sentira mieux.

AUTRES MANIERES D'EXPRIMER LE FUTUR

- Présent progressif + adverbe de temps indiquant le futur.

Ex : They're moving in next week.
Ils emménagent la semaine prochaine.

- Présent simple + adverbe de temps indiquant le futur.

Ex : I get up early tomorrow.
Je me lève tôt demain.

- Présent simple après *"hope".*

Ex : I hope it doesn't rain.
J'espère qu'il ne pleuvra pas.

- Les modaux. *(Voir le chapitre précédent)*

CONCORDANCE DES TEMPS : LE FUTUR DANS LE PASSE

Il indique l'avenir par rapport à un moment donné dans le passé.

Il s'exprime à l'aide de *should / would / was going to / were going to.*

Ex : He says he'll send me a postcard.
Il dit qu'il m'enverra une carte.

PASSE ➨ He said he would send me a postcard.
Il a dit qu'il m'enverrait une carte.

Ex : I know I shall be delighted to see him again.
Je sais que je serai ravie de le revoir.

PASSE ➨ I knew I should be delighted to see him again.
Je savais que je serais ravie de le revoir.

Ex : I think he's going to marry her.
Je pense qu'il va l'épouser.

PASSE ➨ I thought he was going to marry her.
Je pensais qu'il allait l'épouser.

Ex : We're moving in next week.
Nous emménageons la semaine prochaine.

PASSE ➨ They said they were moving in the following week.
Ils ont dit qu'ils emménageraient la semaine d'après.

Ex : I get up early tomorrow
Je me lève tôt demain.

PASSE ➠ I told you I would get up early the following day.
Je t'ai dit que je me lèverais tôt le lendemain.

FUTUR APRES WHEN et IF

Ex : I thought you would have children when you were older.
Je pensais que tu aurais des enfants quand tu serais plus âgé.

Ex : I told you that you would have some cake if you ate your beans.
Je t'ai dit que tu aurais du gâteau si tu mangeais tes haricots.

Cette règle qui consiste à conjuguer le verbe de la subordonnée au prétérit s'applique aussi avec les conjonctions *while, as soon as, as long as, whenever...*

LE SUBJONCTIF

En anglais, le mode subjonctif ne subsiste que sous quelques traces. En fait, il est remplacé soit par l'indicatif soit par des modaux.

LE SUBJONCTIF PRESENT

L'anglais britannique utilise peu le subjonctif présent si ce n'est :

- dans des expressions figées.

Ex : God bless you! Que Dieu vous protège !
Ex : God save the Queen! Que Dieu protège la Reine !

- pour exprimer un ordre, une nécessité, un avis, une impression, une suggestion.

– construction avec *should*
Ex : He insists that she should come.
Il insiste pour qu'elle vienne.

Quand cela est possible, l'anglais préfère une proposition infinitive à une tournure au subjonctif.

Ex : She expected that we should retire from business.
= She expected us to retire from business.
Elle s'attendait à ce que nous nous retirions des affaires.

LE SUBJONCTIF PRETERIT

Ce subjonctif n'est pas à proprement parler un passé; il sert à marquer différentes nuances de modalité telles que le souhait, le regret...

- irréel du présent

Ex : I wish I were rich! J'aimerais être riche / Ah si j'étais riche !

Ex : He hides his grief as if he were ashamed of crying.
Il cache sa peine comme s'il avait honte de pleurer.

- irréel du passé

Ex : If they had actually fired at her, the neighbour would have heard the shot.
S'ils avaient vraiment tiré sur elle, le voisin aurait entendu le coup de feu.

Ex : I wish you had come earlier.
Je regrette que vous ne soyez pas venus plus tôt.

NB : voir aussi le chapitre sur les modaux.

LES VERBES COMPOSES : verbe + postposition

Les verbes composés sont des verbes simples associés à une particule adverbiale appelée "postposition".

Ex : to fall down -to go away -to get up -

La postposition est toujours accentuée. Il s'agit de ne pas la confondre avec une préposition.

*Ex : Put **on** your coat.(on = postposition)*
Enfile ton manteau.

*Ex : Put your coat **on** the chair.(on = préposition)*
Mets ton manteau sur la chaise.

PLACE :

La postposition se place :

- après le COD (Complément d'objet direct) si c'est un pronom personnel ou un démonstratif.

*Ex : Take this **off**.* Enlevez-le.

- avant ou après le COD si c'est un nom.

*Ex : I've locked my jewels **up**. = I've locked up my jewels.*
J'ai mis mes bijoux sous clef.

- avant si le COD est long.

*Ex : "In the evening, out of curiosity, I called **on** the carpenter who had put her in the coffin."*
Le soir, par curiosité, j'allai chez le menuisier qui l'avait mise dans le cercueil.

SENS DES PRINCIPALES POSTPOSITIONS

ABOUT: en tous sens, partout

Ex : *Papers were lying about on his desk.*

Des papiers étaient éparpillés sur son bureau.

AWAY: éloignement, disparition complète

Ex : *He kept away from the group.*

Il se tenait à l'écart du groupe.

BACK: vers l'arrière (mouvement, attitude=retrait)

Ex : *Could you call me back?*

Pourriez-vous me rappeler?

DOWN: vers le bas, éloignement d'un point central, diminution

Ex : *The aircraft was shot down.* L'avion a été abattu.

UP: vers le haut, le centre; intensité accrue

Ex : *You must put your hand up if you want to speak.*

Vous devez lever la main si vous voulez parler.

IN: vers ou à l'intérieur

Ex : *Come in!* Entrez!

OUT: vers ou à l'extérieur

Ex : *He ran out of the house.*

Il sortit de la maison en courant.

ON: contact, progression

Ex : *She had nothing on.*

Elle était toute nue.

OFF: éloignement, interruption, achèvement

Ex : *You'd better turn the gas off.*

Vous devriez couper le gaz.

OVER: mouvement pour retourner; passage d'un pays à un autre, d'une personne à une autre

Ex : *I'm sorry, I've knocked your vase over.*

Je suis désolé, j'ai renversé votre vase.

ROUND: mouvement circulaire, cyclique

Ex : *Turn round please.*

Retournez-vous s'il vous plaît.

THROUGH: entièrement

Ex : *The rain poured through the roof.*

La pluie coulait à travers le toit.

LES VERBES SEMI-COMPOSES :
verbe + préposition

L'association d'une préposition est souvent idiomatique. Il faut donc apprendre ces tournures par cœur.

QUELQUES EXEMPLES:

to look at a picture: regarder une image
to be good at maths: être bon en maths
to listen to music: écouter de la musique
to be charged with murder: être accusé de meurtre
to speak on a phone: parler au téléphone
to wait for someone: attendre quelqu'un

Contrairement à la postposition, la préposition n'est pas accentuée, sauf en position finale.

La préposition disparaît lorsqu'il n'y a pas de COD

Ex : He's speaking in a low voice. Il parle à voix basse.
Ex : He's speaking. Il parle.

La préposition est conservée dans les formes interrogatives et passives.

Ex : Who are you waiting for? Qui attendez-vous ?
Ex : The tap has been turned on. Quelqu'un a ouvert le robinet.

QUELQUES PREPOSITIONS

- De lieu :

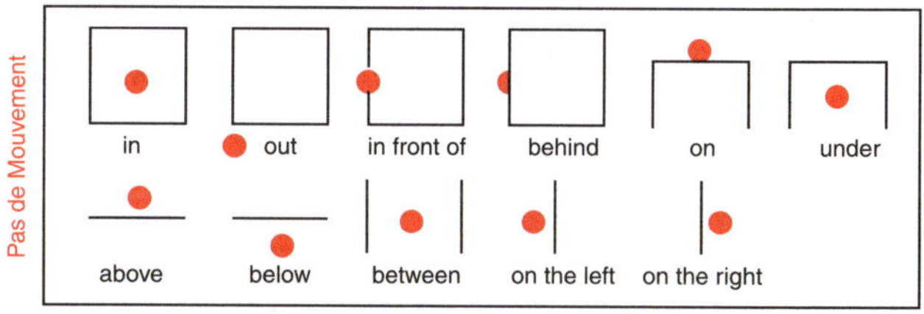

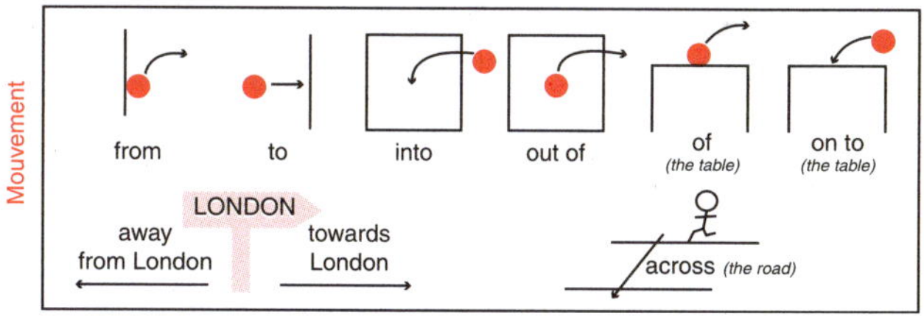

- De temps (localisation ponctuelle)

AT *at four o'clock*
at lunch
at night
at Easter

IN *in autumn*
in August
in the afternoon
in 1994

ON *on Saturday*
on August 21st

- Localisation temporelle par rapport à un moment donné

BEFORE
I had never seen her before yesterday.
Je ne l'avais jamais vue jusqu'à (avant) hier.

DURING
A lot of people died during the war.
Beaucoup de gens sont morts pendant la guerre.

AFTER
You'll go to bed after the film.
Vous irez au lit après le film.

TILL / UNTIL
I'm not going till I get my money.
Je ne partirai que lorsque j'aurai mon argent.

BY
He will be here by 3 o'clock.
Il sera ici avant / pour 3 heures.

AGO
He died 6 years ago.
Il est mort il y a 6 ans.

FROM...TO / TILL / UNTIL
The shop is open from 7 till 12.
Le magasin est ouvert entre 7 heures et 12 heures. (de 7 heures à 12 heures)

SINCE
I've been living here since 1989.
J'habite ici depuis 1989.

- De durée

FOR
We talked on the phone for 45 minutes.
Nous sommes restés au téléphone pendant 45 minutes.

IN
He ran 5 miles in 30 minutes.
Il a parcouru 8 kilomètres en 30 minutes.

- De moyen

  WITH

  He killed his wife with a hammer.

  Il a tué sa femme avec un marteau.

  BY

  She'll come by plane.

  Elle viendra en avion.

- As et like

  AS

  He was often ill as a child.

  Enfant, il fut souvent malade.

  LIKE

  He eats like a pig.

  Il mange comme un cochon.

LES ADVERBES

(voir aussi le chapitre sur les adjectifs)

Il est difficile de donner des règles absolues pour la position des adverbes dans la phrase.

Le principe essentiel à retenir est que l'adverbe ne sépare généralement pas le verbe de son complément direct, surtout si ce dernier est court.

FORMATION DES ADVERBES

Un grand nombre d'adverbes se forment à partir d'adjectifs en ajoutant le suffixe "ly".

Ex : *quick* → *quickly*
Ex : *sudden* → *suddenly*

Certains sont formés par ajout de préfixe ou suffixe (along, before, homeward...) et d'autres n'ont pas de forme spéciale (always, soon, fast, very...).

LES ADVERBES DE MANIÈRE

Ils répondent le plus souvent à la question "How ?".

Beaucoup sont formés avec "ly".

Ils sont généralement en position finale (pas entre le verbe et le complément d'objet), parfois en position médiane.

*Ex : He behaves **strangely.***
*Ex : I **easily** found the solution.*

LES ADVERBES DE TEMPS ET DE LIEU

Ils se placent en début ou en fin de phrase.

*Ex : I met him **at the corner** of the street.*
*Ex : **Nowadays,** most people can drive.*

Certains adverbes (adverbes de moment) tels que "*soon*", "*just*", "*already*", "*now*"... peuvent avoir une position médiane. Exceptions : "*early*" et "*late*".

*Ex : Oncle Jack has **just** arrived.*
*Ex : I went to bed **late.***

ADVERBES DE FRÉQUENCE

Ce sont des adverbes tels que : *always, often, frequently, sometimes, ever...* Ils ont généralement une position médiane.

*Ex : I **usually** get up at 7 o'clock.*

Les adverbes "*sometimes*", "*occasionally*", "*often*" et des locutions adverbiales du même type se trouvent assez fréquemment aussi en début ou en fin de phrase.

*Ex : **From time to time** I listen to a record.*

Lorsque les groupes adverbiaux sont composés avec "*every*" et "*a/an*", ils ont une position initiale ou finale.

*Ex : I used to play tennis every **Saturday.***
*Ex : She has a bath **twice** a day!*

LES ADVERBES DE MODALITÉ

Pour exprimer un point de vue : *personnally, frankly, to tell the truth, perhaps, definitively, as far as I'm concerned...*

Pour exprimer le degré d'accomplissement d'une action ou le stade d'un état : *nearly, half, merely, quite, more, a good deal of, enough...*

*Ex : **Personally,** I prefer this suit.*
Personnellement, je préfère ce costume-là.

*Ex : John will **probably** help you.*
John vous aidera sûrement.

*Ex : I've **merely** drawn the curtains.*
J'ai seulement tiré les rideaux.

*N.B. : **enough** se place avant le nom mais après l'adjectif ou l'adverbe qu'il décrit.*

*Ex : We have **enough** sweets for everyone.*

*Ex : My husband is not tall **enough.***

QUELQUES CAS PARTICULIERS

• YET, STILL, NO LONGER

YET exprime une attente. On le trouve dans des phrases négatives et/ou interrogatives en position finale.

Ex : Has the letter come yet?

Ex : I've never been to Paris yet.

STILL exprime quelque chose qui dure plus que prévu. On le trouve en position médiane dans des phrases affirmatives, après le sujet dans des phrases négatives.

*Ex : He is **still** in the garden.*

*Ex : The letter **still** hasn't come.*

NO LONGER, ANY LONGER, ANY MORE décrivent une fin. *NO LONGER*, se place en position médiane. *ANY MORE, ANY LONGER* ont une position finale.

*Ex : My wife **no longer** lives with me.*

*Ex : My wife doesn't live with me **any more.***

ONLY prend une position médiane dans un anglais informel. Dans la langue plus soignée, il se place avant le mot ou la proposition auxquels il se réfère.

*Ex : I can **only** give you a lift.*

*Ex : **Only** women can enter this room.*

EVEN se place généralement devant le mot auquel il se rapporte.

*Ex : I can **even** spell the word.*

LA VOIX PASSIVE

Comme en français, la voix passive se construit avec l'auxiliaire *"BE"* conjugué suivi du participe passé du verbe. Le passif met l'accent sur le résultat d'une action.

Le passif est utilisé lorsque le sujet subit une action. Le sujet peut alors être complément d'agent introduit par *"by"*. (Le complément peut ne pas être précisé.)

Ex : The house was built in 1896.
La maison a été construite en 1896.

Ex : Will your thesis be typed by your father's secretary?
Est-ce la secrétaire de ton père qui va taper ta thèse ?

Certains verbes au passif sont accompagnés d'un complément introduit par *"with"*.

Ex : The lawn is covered with leaves.
La pelouse est recouverte de feuilles.

Ex : He was brained with a fryingpan.
On l'a assommé avec une poêle.

Le passif sert à traduire certains verbes pronominaux français.

Ex : The meeting will be held upstairs.
La réunion se tiendra à l'étage.

Le passif comme traduction courante de "on".

Ex : Breakfast will be brought to your room.
On vous apportera le petit-déjeuner dans votre chambre.

Ex : She has been told to leave.
On lui a dit de partir.

L'IMPERATIF

FORME AFFIRMATIVE

- 2e personne : infinitif sans *"to"*

Ex : Tell me the truth.
Dis-moi la vérité.

- autres personnes : *let* + complément + infinitif sans *"to"*

Ex : Let them work.
Laissez-les travailler / Qu'ils travaillent !

A la 1re personne du pluriel, on contracte souvent la forme *"let us"* in *"let's"*.

Ex : Let's go. Allons-y !

"Let me" se traduit par "voyons".

Ex : Let me think, how can I help you?
Voyons voir, comment puis-je vous aider ?

FORME NEGATIVE

– don't + infinitif sans *"to"* (même avec *be*)

Ex : Don't make such a fuss about it!
Ne faites pas tant d'histoires !

Ex : Don't be stupid. Ne fais pas l'idiot.

Ex : Don't let him think that I'm going to apologize.
Qu'il ne s'imagine pas que je vais m'excuser.

LES "TAGS": moi aussi / moi non plus
moi si / moi non
et vous ? / pas vous ?

MOI AUSSI : so + auxiliaire + sujet (accentué)

Ex : You're thirsty, (and) so am I.
Tu as soif et moi aussi.

Ex : She hates bananas, so does he.
Elle déteste les bananes et lui aussi.

Ex : They bought a car, so did we.
Ils ont acheté une voiture et nous aussi.

Dans la langue familière, on dit souvent *"me too"*.

MOI NON PLUS : neither + auxiliaire + sujet (accentué)

Ex : They don't want to go out, (and) neither do I.
Ils ne veulent pas sortir et moi non plus.

Ex : He wasn't happy, neither was she.
Il n'était pas heureux et elle non plus.

MOI SI - MOI NON

Le second sujet a une opinion différente du premier sujet.

Ex : You like rugby, (but) I don't.
Vous aimez le rugby mais moi non.

Ex : He can't drive, I can.
Il ne sait pas conduire alors que moi si.

Ex : She's good at maths, he isn't.
Elle est bonne en maths mais pas lui.

PAS VOUS ? ET VOUS ?

Ex : I'd like to go to the cinema. Would you? Et vous ?
Wouldn't you? Pas vous ?

QUESTION TAGS

Elles permettent de prendre quelqu'un à témoin.

PHRASES AFFIRMATIVES

Reprise de l'auxiliaire à la forme négative.

Ex : *You're busy, aren't you.*
Vous êtes occupé, non ?

Ex : *He is fond of music, isn't he.*
Il adore la musique, n'est-ce-pas ?

Ex : *They'll arrive at 9, won't they?*
Ils arriveront à 9 heures, hein ?

PHRASES NEGATIVES

Reprise de l'auxiliaire à la forme affirmative.

Ex : *It wasn't good, was it?*
Ce n'était pas bon, hein ?

Ex : *You didn't think I was going to forgive you, did you?*
Vous ne vous imaginiez tout de même pas que j'allais vous pardonner ?

LES SUBORDONNEES

SUBORDONNEES DE CAUSE

Avec les conjonctions *BECAUSE* (parce que), *AS* (comme), *SINCE* (puisque)

Ex : *As the birds are going much less quickly, the children are catching them up.*
Comme les oiseaux vont beaucoup moins vite,...

Ex : *They have to get up early because there is always so much to do.*
[...] parce qu'il y a toujours beaucoup à faire.

Ex : *Since you don't want to answer, let's ask your friend.*
Puisque tu ne veux pas répondre...

Lorsque la cause est un nom, ce nom peut être introduit par *BECAUSE OF, OWING TO* (en raison de, à cause de, étant donné).

Ex : *Some gemstones, because of their chemical and physical nature, are always opaque.*
.... étant donné leur nature...

SUBORDONNEES DE BUT ET DE CONSEQUENCE

TO: **pour**

Ex : *"The tooth puller's assistant started playing his trumpet to cover the man's shouts.*

[...] pour couvrir les cris de l'homme.

IN ORDER TO, SO AS TO: **afin de, de façon à**

Ex : *He's been working hard in order to pass his exam.*

[...] afin de réussir son examen.

SO THAT, IN ORDER THAT **+ *can/could/should/may***

Ex : *I give you a map so that you can find your way.*

[...] pour que vous puissiez trouver le chemin.

SUBORDONNEES DE CONDITION, DE SUPPOSITION

IF: **si**

Ex : *Some people believed that if a bat flew near a person's head, that person would die.*

[...] si une chauve-souris frôlait la tête de quelqu'un, cette personne mourrait.

PROVIDED THAT, ON CONDITION THAT: **à condition que**

Ex : *I don't mind driving at night provided that I have a radio.*

[...] à condition d'avoir une radio.

UNLESS: **à moins que(= if...not)**

Ex : *I will leave at 9, unless you want to go earlier.*

[..] à moins que vous ne souhaitiez partir plus tôt.

IN CASE: **au cas où**

Ex : *Take your purse in case there is something to pay.*

[...] au cas où il y aurait quelque chose à payer.

WHETHER...OR
(pour 2 propositions faites parallèlement)

Ex : *You must tidy your room whether you like it or not.*

Tu dois ranger ta chambre que cela te plaise ou non.

SUBORDONNEES DE CONCESSION, DE RESTRICTION, D'OPPOSITION

(EVEN)THOUGH = ALTHOUGH: **bien que, même si**

Ex : *Peter was wonderful. Although he was smaller than William, he was strong and never frightened of anything.*
Bien que plus petit que William...

HOWEVER: **cependant**

Ex : *Southern society was dominated by aristocracy; however, Whites of all classes were united in their fear of Blacks.*

BUT: **mais**

Ex : *You look a bit tired, but that isn't too serious.*

NEVERTHELESS: **malgré tout**

Ex : *I can't come. Nevertheless, thank you for the invitation.*

IN SPITE OF: **malgré, en dépit de**

Ex : *I will go out in spite of the snow.*

WHILE = WHEREAS: **tandis que, alors que**

Ex : *Canada is a vast country whereas Luxembourg is a small country.*

SUBORDONNEES RELATIVES

Pronom relatif *WHO*: **qui, lequel**

WHO a pour antécédent une personne; il est sujet du verbe.

Ex : *A veterinarian is a doctor who takes care of animals.*
Un vétérinaire est un médecin qui soigne les animaux.

WHOM: **que**

WHOM a pour antécédent une personne; il est COD de la relative ou complément de préposition. *WHOM* est souvent remplacé par *WHO* voire supprimé lorsque la préposition est rejetée.

Ex : The man whom I met / who I met...
L'homme que j'ai rencontré...

Ex : The person to whom you were talking to...
préposition

= The person you were talking to...
préposition

WHOSE: dont

WHOSE est utilisé pour évoquer la possession.

Ex : That's the man whose dog bit my son.
C'est l'homme dont le chien...

WHICH: qui, que, dont

WHICH a pour antécédent une chose ; il est soit sujet, soit complément.

Ex : This is the shop which was plundered last week.
C'est la boutique qui a été mise à sac la semaine dernière.

Ex : The car which is in front of the bakery is mine.
La voiture qui est en face de la boulangerie est à moi.

THAT: que, qui

THAT peut être utilisé pour une personne comme pour une chose. *THAT* n'est pas accentué et se prononce [ðət].

Ex : Is this the train that stops at Peterborough?
Ex : The woman that has just entered the shop is Julia Roberts.

En anglais, dans la langue parlée, on s'efforce d'éviter les phrases complexes (principale + subordonnée relative). C'est pourquoi bien souvent, le relatif *that* est supprimé lorsqu'il est complément direct.

Ex : The TV that we bought...
= The TV we bought...

Quand le relatif est complément indirect (quand il y a une préposition), ne pas oublier de rejeter la préposition.

Ex : The girl (that) I'm waiting for...
La fille que j'attends...

Ex : This is the game (that) I was looking for.
Voici le jeu que je cherchais

LES COMPARATIFS

Comparatifs de supériorité : plus... que

1 - Cas des adjectifs courts

Ex : old → older
big → bigger
happy → happier

Ex : Peguy is taller than Jenny.
Peguy est plus grande que Jenny.

Ex : He is richer tonight than he was this morning.
Il est plus riche ce soir qu'il ne l'était ce matin.

Le comparatif de supériorité se forme en ajoutant **"er"** à l'adjectif.

Le **"y"** final se change en **"ier"** quand la lettre qui le précède est une consonne *(angry → angrier).*

Quand l'adjectif se termine par une consonne précédée d'une voyelle, la consonne est redoublée avant le **"er"** *(thin thinner).*

Le complément est introduit par "than" [ðən].

Sont considérés comme étant courts :

– les adjectifs d'une seule syllabe : big, tall, quick, dark, ...(sauf ceux qui ont une terminaison de participe passé: tired, pleased, ...)

– les adjectifs de deux syllabes se terminant par "**y**" (pretty → prettier ; angry → angrier)

par "**er**" (clever → cleverer)

par "**le**" (subtle → subtler ; noble → nobler) et par "**ow**" (narrow → narrower).

2. Cas des adjectifs longs

Ex : more expensive, more reasonable

Ex : Cars are more dangerous than planes.
Les voitures sont plus dangereuses que les avions.

NB : Quand le complément est un pronom personnel, on répète généralement le verbe par un auxiliaire.

Ex : She is more sensitive than he is (et non pas "than him"). Elle est plus sensible que lui.

Ex : He is a little older than she is. Il est un peu plus âgé qu'elle.

3. Cas des adverbes

La construction des comparatifs de supériorité avec les adverbes est identique à celle des adjectifs.

Ex : *I swim faster than he does.*

Je nage plus vite que lui.

Ex : *My cat eats more cleanly than your son.*

Mon chat mange plus proprement que votre fils.

NB : Tous les adverbes en "ly" sont considérés comme longs, sauf "early" (softly → more softly ; early → earlier).

4. Irrégularités

good, well → better
bad, ill → worse
far → further, farther

Ex : *He is a better pianist than she is.*

Il est meilleur pianiste qu'elle.

Ex : *The pain got worse.*

La douleur devint plus atroce.

Ex : *As they went farther north, they met fewer and fewer people.* Au fur et à mesure qu'ils avançaient vers le nord, ils rencontraient de moins en moins de gens.

Comparatifs d'infériorité : moins... que

Ils s'emploient rarement avec des adjectifs courts.

Ex : *My bedroom is not as large as yours* (plutôt que *less large than...*) .

Avec les adjectifs longs, on utilise " less ... than " .

Ex : *A chair is less confortable than a sofa.*

Une chaise est moins confortable qu'un canapé.

Comparatifs d'égalité : aussi... que

1. Forme affirmative et forme interrogative : as ...as (non accentués)

Ex : *His fingers were as cold as ice.*

Ses doigts étaient aussi froids que de la glace.

Ex : *Does he run as fast as you do?*

Est-ce qu'il court aussi vite que toi ?

2. Forme négative : not as ...as ou not so ... as

Ex : *My dress was not so expensive as your suit.*

Ma robe n'était pas aussi chère que ton costume.(= moins chère que ...)

Ex : *He doesn't play violin as well as you do.*

Il ne joue pas du violon aussi bien que toi.

4. Idées de progression

• de plus en plus, de moins en moins

Ex : *The tunnel got darker and darker.*

Le tunnel devenait de plus en plus sombre.

Ex : *Life is getting less and less easy.*

La vie est de moins en moins facile.

• plus ... plus

Ex : *The harder he worked, the richer he got.*

Plus il travaillait dur, plus il s'enrichissait.

Ex : *The more I see you, the more I love you.*

Plus je te vois, plus je t'aime.

• d'autant plus ... que ...

Ex : *He felt the happier as all his friends were staying at home.*

Il se sentait d'autant plus heureux que ses amis restaient tous chez lui.

Ex : *I was all the more nervous as I knew it would be foggy.*

J'étais d'autant plus nerveuse que je savais qu'il y aurait du brouillard.

LES SUPERLATIFS

Superlatifs de supériorité : le plus...

1. Cas des adjectifs et des adverbes courts

Ex : *old → oldest*
big → biggest
happy → happiest

Ex : *Piccadilly Circus is the busiest crossroad in London.*

Piccadilly Circus est le carrefour le plus animé de Londres.

Ex : *The doctor likes the smallest of his two cars.*

Le docteur aime la plus petite de ses deux voitures.

Le superlatif de supériorité se forme en ajoutant **"est"** à l'adjectif ou à l'adverbe.

Le **"y"** final se transforme en **"iest"** quand la lettre qui le précède est une consonne. (*funny → funniest*)

Quand l'adjectif ou l'adverbe se terminent par une consonne précédée d'une voyelle, la consonne est redoublée avant le **"est"**. (*big → biggest*)

Sont considérés comme courts les adjectifs : *(cf "Les comparatifs", § "Cas des adjectifs courts").*

Le complément d'un superlatif est introduit par *"in"* lorsqu'il désigne un lieu et par *"of"* dans les autres cas *(ex. 1 et 2 ci-dessus).*

2 - Cas des adjectifs et des adverbes longs

Ex : *the most expensive, the most wonderful...*

Ex : *Regent Street is one of the most popular shopping street.*

Regent Street est une des rues commerçantes les plus populaires.

3 - Irrégularités

good, well → *the best*

bad, ill → *the worst*

far → *the farthest, the furthest*

Ex :*This is the best school in this town.*

C'est la meilleure école de la ville.

Ex : *He's got the worst mark.*

Il a obtenu la plus mauvaise note.

Superlatifs d'infériorité : le moins...

On emploie rarement les superlatifs d'infériorité des adjectifs courts. On préfèrera *"the shortest"* à *"the least tall".*

Avec les adjectifs longs, on utilise *"least".*

Ex : *I haven't the least idea.*

Je n'en ai pas la moindre idée.

LES INTERROGATIFS

Certaines tournures interrogatives commencent par un auxiliaire et attendent pour réponse *"yes"* ou *"no".*

Ex : *Do you know the way to Trafalgar Square?*

Connaissez-vous le chemin pour aller à Trafalgar Square ?

Ex : *Have you got a cat?*

As-tu un chat ?

D'autres questions commencent par un terme interrogatif :

WHO	*Who was the murderer?*	Qui était le meurtrier ?
WHAT	*What are you doing?*	Que fais-tu ?
WHEN	*When will they marry?*	Quand se marieront-ils ?
WHERE	*Where is Calais?*	Où se trouve Calais ?
WHY	*Why are you angry?*	Pourquoi es-tu en colère ?
HOW	*How did he do it?*	Comment a-t-il fait ?
WHOSE	*Whose shoes are these?*	A qui sont ces chaussures ?

...

Le terme interrogatif *which* exprime une idée de choix entre des articles en nombre limité.

Ex : *Which foreign languages can you speak?*
Quelles langues parlez-vous ?

Ex : *Which of these computers should I buy?*
Lequel parmi ces ordinateurs devrais-je acheter ?

mais: *What fruits do you like?* Quels fruits aimes-tu ?

Questions introduites par how :

Pour demander **un prix :** *how much* + singulier/pluriel

Ex : *How much is this shirt?* Combien coûte cette chemise ?

Ex : *How much are these socks?* Combien coûtent ces chaussettes ?

Pour demander **l'âge :** *how old + to be*

Ex : *How old are you?* Quel âge as-tu ?

Ex : *How old was the victim?* Quel âge avait la victime ?

Pour **saluer :** *how do you do ?*
how + to be

Lorsqu'on rencontre quelqu'un pour la première fois, on le salue en disant *how do you do.*

Ex : *Mr Parker: How do you do?* (Enchanté)
Mrs Millett: How do you do? (Enchantée)

Lorsqu'on connaît la personne que l'on rencontre, on dit:

Ex : *Hello Mickaël. How are you?*
Bonjour / Salut Mickaël. Comment vas-tu ?

Plus généralement, *"how + to be"* sert à s'enquérir de la santé de quelqu'un.

Ex : *How is your mother today?*
Comment va ta mère aujoud'hui ?

Pour exprimer **une durée :** *how long + to be*

Ex : *How long have you been here?*
Depuis combien de temps êtes-vous ici ?

Ex : How long is he staying in Australia?
Pendant combien de temps reste-t-il en Australie ?

Pour exprimer **une dimension, une hauteur, une profondeur :** *how + adjectif + to be*

Ex : How long is the Thames?
Quelle est la longueur de la Tamise ?

Ex : How wide is the window?
Quelle est la largeur de la fenêtre ?

Ex : How deep is the pit?
Quelle est la profondeur du puits ?

Ex : How high is the Eiffel Tower?
Quelle est la hauteur de la Tour Eiffel ?

QUELQUES FAUX AMIS

Des noms / adjectifs

- **actual:** vrai
- **an advertisement:** une publicité
- **advice:** conseil
- **balance:** équilibre
- **camera:** appareil photo
- **car:** voiture
- **caution:** prudence
- **chance:** possibilité
- **confidence:** confiance
- **delay:** retard
- **emergency:** urgence
- **eventual:** final
- **figure:** chiffre
- **inhabited:** habité
- **journey:** voyage
- **large:** grand
- **library:** bibliothèque
- **petrol:** essence
- **property:** propriété
- **refuse:** ordures
- **savage:** féroce
- **sensible:** raisonnable
- **stage:** scène de théâtre
- **surname:** nom de famille
- **vacancy:** poste vacant

Des verbes / adverbes

- **to abuse:** injurier
- **actually:** vraiment
- **to affront:** insulter
- **to assist:** aider
- **to attend:** assister à
- **to charge:** accuser
- **to cross:** traverser
- **to cry:** pleurer
- **to deceive:** tromper
- **to demand:** exiger
- **to envy:** convoiter
- **to fail:** échouer
- **to injure:** blesser
- **to introduce:** présenter
- **to pass an exam:** réussir un examen
- **to pretend:** faire semblant
- **properly:** correctement
- **to recover:** se rétablir
- **to regard as:** considérer comme
- **to resume:** recommencer
- **to support:** soutenir (financièrement)
- **to trouble:** déranger

VERBES IRREGULIERS

Infinitif	Prétérit	Participe passé	Verbe français
to be	was/were	been	être
to beat [biːt]	beat [biːt]	beaten ['biːtn]	battre
to become	became	become	devenir
to begin	began	begun	commencer
to bend	bent	bent	courber, se pencher
to bite [bait]	bit [bɪt]	bitten ['bɪtn]	mordre
to blow [bləʊ]	blew [bluː]	blown [bləʊn]	souffler
to break	broke	broken	briser
to bring	brought	brought	apporter
to build	built	built	construire
to burn	burnt	burnt	brûler
to burst	burst	burst	éclater
to buy	bought	bought	acheter
to catch	caught	caught	attraper
to choose [tʃuːz]	chose [tʃəʊz]	chosen ['tʃəʊzn]	choisir
to come	came	come	venir
to cost	cost	cost	coûter
to cut	cut	cut	couper
to do	did	done	faire
to draw	drew	drawn	dessiner, tirer
to dream	dreamt	dreamt	rêver
to drink	drank	drunk	boire
to drive	drove	driven	conduire
to eat [iːt]	ate [et]	eaten ['iːtn]	manger
to fall [fɔːl]	fell [fel]	fallen ['fɔːlən]	tomber
to feed	fed	fed	nourrir
to feel [fiːl]	felt [felt]	felt [felt]	éprouver
to fight	fought	fought	combattre
to find	found	found	trouver
to fly [flaɪ]	flew [fluː]	flown [fləʊn]	voler, aller en avion
to forget	forgot	forgotten	oublier
to forgive	forgave	forgiven	pardonner
to freeze [friːz]	froze [frəʊz]	frozen [frəʊzn]	geler
to get	got	got	obtenir, devenir
to give	gave	given	donner
to go	went	gone	aller
to grow	grew	grown	grandir
to hang [hæŋ]	hung [hʌŋ]	hung [hʌŋ]	pendre, accrocher
to have	had	had	avoir
to hear	heard	heard	entendre
to hide [haid]	hid [hid]	hidden ['hidn]	(se) cacher
to hit [hit]	hit [hit]	hit [hit]	frapper
to hold [həʊld]	held [held]	held [held]	tenir
to hurt	hurt	hurt	blesser, faire mal
to keep	kept	kept	garder
to know	knew	known	savoir, connaître

to lead [li:d]	led [led]	led [led]	mener
to learn	learnt (learned)	learnt (learned)	apprendre
to leave [li:v]	left [left]	left [left]	laisser, partir
to lend	lent	lent	prêter
to let	let	let	laisser, permettre
to lie [lai]	lay [lei]	lain [lein]	être étendu
to light	lit (lighted)	lit (lighted)	allumer
to lose [lu:z]	lost [lɒst]	lost [lɒst]	perdre
to make	made	made	faire, fabriquer
to mean [mi:n]	meant [ment]	meant [ment]	signifier, vouloir dire
to meet [mi:t]	met [met]	met [met]	(se) rencontrer
to pay	paid	paid	payer
to put	put	put	mettre
to read	read	read	lire
to ride	rode	ridden	aller à cheval/ bicyclette
to ring	rang	rung	sonner
to rise [raiz]	rose [rəʊz]	risen ['rɪzn]	s'élever, se lever
to run [rʌn]	ran [ræn]	run [rʌn]	courir
to say	said	said	dire, réciter
to see	saw	seen	voir
to sell [sel]	sold [səʊld]	sold [səʊld]	vendre
to send	sent	sent	envoyer
to shake [ʃeik]	shook [ʃʊk]	shaken ['ʃeikən]	secouer
to shine [ʃain]	shone [ʃɒn]	shone [ʃɒn]	briller
to shoot	shot	shot	tirer (arme à feu)
to show [ʃəʊ]	showed [ʃəʊd]	shown [ʃəʊn]	montrer
to sing [siŋ]	sang [sæŋ]	sung [sʌŋ]	chanter
to sit	sat	sat	être assis
to sleep	slept	slept	dormir
to slide	slid	slid	glisser
to smell	smelt	smelt	sentir
to speak	spoke	spoken	parler
to spend [spend]	spent [spent]	spent [spent]	dépenser, passer (temps)
to stand	stood	stood	être debout
to steal [sti:l]	stole [stəʊl]	stolen ['stəʊlən]	voler, dérober
to stick [stik]	stuck [stʌk]	stuck [stʌk]	coller
to strike [straik]	struck [strʌk]	struck [strʌk]	frapper
to swim [swim]	swam [swæm]	swum [swʌm]	nager
to take	took	taken	prendre
to teach	taught	taught	enseigner
to tell	told	told	dire, raconter
to think	thought	thought	penser
to throw [θrəʊ]	threw [θru:]	thrown [θrəʊn]	jeter, lancer
to understand	understood	understood	comprendre
to wake [weɪk]	woke [wəʊk]	woken ['wəʊkən]	(se) réveiller
to wear [weə(r)]	wore [wɔ:(r)]	worn [wɔ:n]	porter (vêtements)
to win [wɪn]	won [wʌn]	won [wʌn]	gagner
to write [rait]	wrote [rəʊt]	written [ritn]	écrire

TABLE DES SYMBOLES PHONETIQUES

Consonnes et semi consonnes

[p] : pat [pæt] ; top [top]
[b] : but [bʌt] ; tab [tæb]
[m] : mat [mæt] ; ram [ræm]
[f] : fat [fæt] ; rough [rʌf]
[v] : avail [ə'veil] ; vat [væt]
[t] : tap [tæp] ; pat [pæt]
[d] : dab [dæb] ; build [bɪld]
[n] : no, know [noʊ] ; ban [bæn]
[s] : sat [sæt] ; mouse [maʊs] ; ice [ais]
[θ] : thatch [θætʃ] ; faith [feɪθ]
[z] : zinc [zɪŋk] ; houses ['haʊziz]
[ð] : that [ðæt] ; mother ['mʌðər]
[l] : lad [læd] ; table ['teɪbl]
[ʃ] : sham [ʃæm] ; nation ['neɪʃ(ə)n]
[tʃ] : chat [tʃæt] ; rich [ritʃ]
[ʒ] : pleasure ['pleʒə]
[dʒ] : jam [dʒæm] ; edge [edʒ]
[k] : cat [kæt] ; arctic ['ɑːktɪk]
[g] : go [goʊ] ; hungry ['hʌŋgrɪ]
[h] : hat [hæt] ; cohere [kəʊ'hɪər]
[χ] : loch [loχ]
[ð] : that [ðæt] ; mother ['mʌðər]
[ŋ] : bang [bæŋ] ; anchor ['æŋkə]
[r] : rat [ræt] ; arise [ə'rɑiz]
[j] : yam [jæm] ; yet [jet]
[w] : wall [wɔːl] ; quite [kwɑɪt]

Voyelles et combinaisons de voyelles

[iː] : bee [biː] ; fever ['fiːvər]
[ɪə] : beer [bɪəː] ; appear [ə'pɪə]
[i] : bit [bɪt] ; added ['ædiɪd]
[e] : bet [bet] ; leopard ['lepəd]
[eɪ] : date [deɪt] ; day [deɪ]
[ɛə] : bear, bare [bɛə]
[æ] : add [æd] ; fat [fæt]
[aɪ] : isle [aɪl] ; height [haɪt]
[ɑː] : art [ɑːt] ; car [kɑː]
[aʊ] : fowl, foul [faʊl] ; house [haʊs]
[ɒ] : wash [wɒʃ] ; lot [lɒt]
[ɔː] : all [ɔːl] ; short [ʃɔːt]
[ɔɪ] : boil [bɔɪl] ; toy [tɔɪ]
[oʊ] : low [loʊ] ; soop [soʊp]
[ʊ] : put [pʊt] ; wool [wʊl]
[uː] : shoe [ʃuː] ; through [θruː]
[juː] : few [fjuː] ; humour ['hjuːmə]
[ʊə] : poor [pʊə] ; sure [ʃʊə]
[ʌ] : cut [kʌt] ; sun, son [sʌn]
[ə] : amend [ə'mend] ; the [ə]
[əː] : curl [kəːl] ; herb [həːb]